AF509119

PETIT INDICATEUR

DES BAINS

Luxeuil, Haute-Saône.

SAISON DE 1866.

COUR D'HONNEUR
DE L'ÉTABLISSEMENT THERMAL.

LUXEUIL,
IMPRIMERIE ET LITHOGRAPHIE DE BONNET.

PETIT INDICATEUR

des Bains

DE LUXEUIL.

Saison de 1866.

La Ville de Luxeuil est doublement illustrée : à dater des époques celtique et romaine par la célébrité de ses thermes, à travers tout le moyen âge par le rôle civilisateur et les travaux de son antique monastère. Elle est ainsi trop connue pour avoir besoin d'être rappelée à l'attention des savants ou des médecins. Là, chaque pas rencontre un monument, quelque curiosité historique, un souvenir ; comme chaque coup de pioche fait jaillir une eau plus ou moins minérale.

Mais ce que beaucoup ignorent peut-être encore aujourd'hui, c'est que les BAINS DE LUXEUIL, ont une spécialisation complexe : ils n'ont pas moins d'importance par leur établissement *ferrugineux* que par leur établissement *salino - thermal* proprement dit.

Déjà les Romains, et même avant eux les Celtes, si l'on en juge d'après de curieuses ruines, avaient mis toute leur attention à distinguer, dans leurs origines, ces eaux diverses ; à leur donner des attributions différentes, des usages distincts. De là, sans doute, la double consécration que des inscriptions mentionnent, les succès divers indiqués par tant *d'ex voto* décernés à la station par la gratitude de nos ancêtres Gaulois ou Gallo-Romains.

Aujourd'hui l'État, propriétaire de cette remarquable station jadis européenne, lui a rendu, s'il ne les a surpassées, l'élégance et la splendeur des anciens thermes. Aujourd'hui plus que jamais, les soins des ingénieurs des mines, des hydrologues et surtout des médecins, tendent à y assurer de plus en plus les précieux avantages de sa double destination.

Si Luxeuil, par l'abondance et la richesse de ses eaux *salino-thermales* originaires du granite, heureusement modifiées par leur passage à travers les grès, offre les mêmes ressources que Plombières, Néris et autres stations, dans le traitement des affections rhumatismales à formes et à siéges divers ; dans le traitement des paralysies, notamment de la paraplégie ; dans celui des névroses, des névralgies et principalement de la sciatique ; dans les entéralgies etc., il est incontestable que dans plusieurs formes de dyspepsie atonique, ces eaux doivent à la modification même qu'elles subissent à travers les grès, une énergie thérapeutique plus accentuée. En même temps qu'elles régularisent l'action nerveuse, elles sont particulièrement toniques et reconstituantes.

Les eaux *ferrugino-manganésiennes* de Luxeuil, sont de plus une spécialité caractéristique de la contrée. Par les vieux monuments qui les signalent, on peut dire qu'elles ont fixé l'attention des archéologues autant que la sollicitude des médecins de tous les temps. Ces eaux, formées dans les strats du grès bigarré, par l'intervention de l'acide carbonique d'émanation souterraine, tempérées et minéralisées au voisinage des courants thermaux, offrent des caractères de composition et de température qu'il nous semble difficile de trouver ailleurs.

Aussi, l'état catarrhal — on pourrait presque dire quelqu'en soit le siége — peut-il être combattu sans danger par les eaux mangano-ferrugineuses de Luxeuil. Sans refroidissement pernicieux, *intus et extra*, sous toutes les formes, elles s'appliquent à tous les cas non organiquement incurables d'atonie, d'anémie, de chlorose ; elles méritent d'autant mieux l'épithète de corroborantes, qu'elles fatiguent moins les tissus dans leur action première, et s'absorbent ainsi plus aisément.

La station est remarquable par ses piscines, entretenues par l'ascension spontanée des eaux, qui s'y renouvellent incessamment ; par ses beaux cabinets précédés de vestiaires et pourvus de toutes les formes désirables d'appareils de douches et d'irrigations ; par ses cabinets à douches écossaises, ses étuves, ses buvettes. On y peut utiliser même les boues ferrugineuses. Enfin, on trouve à Luxeuil tout ce qui constitue, dans la spécialité, un Établissement thermal des plus riches et des plus complets. Ajoutons que l'administration actuelle y veille plus que jamais, au respect des convenances publiques et des droits de chacun.

En arrivant aux Bains, il suffit de s'y inscrire, pour prendre rang dans le choix des heures et des cabinets.

On s'y adresse au régisseur.

Des tableaux tenus en double, dans son bureau et dans celui de l'Inspection, représentent à chaque instant le mouvement du personnel des Baigneurs.

TARIF DES DIFFÉRENTS BAINS.

PISCINES.

BAIN { des Bénédictins, des Dames, Gradué, des Capucins, } 0, 75 *linge compris.*

CABINETS.

BAIN { des Arcades, des Dames, des Fleurs, Gradué, Grand Bain, des Capucins, } 1, 25 *linge compris.*

Bain	{ ferrugineux, impérial ferrug. }	1, 50 *linge compris.*
Douche écossaise, Douche ordinaire, seule,	{	0, 70 *linge compris.*
Douche ord^re après bain,		0, 40 —
Douche ascendante, Irrigation,	{	0, 20 *une serviette.*
Étuve, Bain de vapeur,	{	0, 70 *linge compris.*

Le traitement thermal et les soins particuliers sont dirigés actuellement à Luxeuil par **9** médecins, à chacun desquels on peut accorder librement sa confiance ; ce sont :

MM. LES DOCTEURS

Delacroix, médecin-inspecteur des Thermes, professeur à l'École de médecine de Besançon, ancien inspecteur-adjoint à Luxeuil et à Plombières.

Aliès, ancien inspecteur.

Bertrand, médecin résidant, consultant.

Chapelain, ancien inspecteur.

Delaporte, ancien inspecteur-adjoint, médecin au Corps Législatif.

Gauthier, médecin résidant, consultant.

Martin-Lauzer, chef de clinique honoraire de la Faculté de médecine de Paris.

Pierrey, médecin résidant, consultant.

Revillout, inspecteur honoraire.

Les environs de Luxeuil offrent aux promeneurs d'immenses et douces perspectives, couronnées à l'Est par les hauts Ballons des Vosges, au Sud par les longues lignes du Jura. La ville, assise sur une colline ondulée, dernière ramification des Vosges, est à une altitude de 417 mètres. L'air vivifiant et doux des plaines élevées de la Haute-Saône y règne habituellement. Au Nord de vastes forêts, des plus remarquables de France par la hauteur des futaies, forment un arc protecteur contre la brise et la brume des montagnes. — Partout de belles routes, comme celles qui conduisent à Baudoncourt, à Breuches, à Fontaine, à Fougerolles, et aux monts de Faucogney; de larges avenues comme celles qui mènent à travers bois à l'Ermitage de S^t - Valbert, facilitent les promenades les plus propres à la santé du corps, à la sérénité de l'esprit. Si l'on tient à s'engager dans les montagnes, on trouve à quelques kilomètres au Nord, au milieu de véritables forêts de cerisiers, le beau village de Fougerolles. De là, remontant la vallée délicieuse d'Ajol, on visite les cascades de Faymont et du Géhard, les grands sapins et les ruines du monastère d'Hérival; le col de la Croisette, d'où la vue plonge à travers la magnifique vallée de la Moselle sur le St-Mont, et plus à l'Est vers le pays élevé des lacs de Gérardmer. On peut en revenant, gravir par une assez belle route la pente des *Feuillées*, abris délicieux, riches en souvenirs; et de là, descendant dans la profonde vallée de l'Augronne, où l'on rend à Plombières un hommage mérité, le même jour on rentre aisément en voiture à Luxeuil.

Autrefois, la station était un pays de cocagne, où l'on jouissait à peu de frais des richesses du sol. Mais la proximité des gares de chemins de fer y a produit, à peu près comme partout, un certain équilibre de compensation. Cependant, le Baigneur y vit encore *très-confortablement*, avec une moyenne de dépense de **6** francs **50** par jour (table et logement). Dans les limites extrêmes, si les familles riches peuvent s'y procurer toutes les facilités du luxe, il est juste de dire aussi que les plus modestes, y trouvent au besoin une hospitalité des moins dispendieuses.

LISTE DES LOGEURS.

Grande Rue.

M Aubry	M. Humbert
M. Beck	Mme Daval
Mme Bernard	M. Demouge
M. Bernard-Barret	M. Didier-Grosjean
M. Bertrand	Mlles Fraissigne
Mme Bouchon.	M. Galmiche
M. Boyon	M. Gastel
Mlle Buisson	Mlle Gauthier
M. Cabuz	Mlle Gerbenne, Olimpe
M. Cheviet	M. Gillot
M. Choffey	Mme Guillet-Monin
Mme Courbey	M. Guyot

Mme JEANNIN

Mlle LABRUDE

M. MAGNY, aîné

M. MAGNY-PILEY

M. MARCHAND (Hôtel)

M. MENETRIER

M. MICHAUD

M. MONDELET

M. MONGENET

M. NÉEDERLENDEN

M. OGIER, Charles

M. PERNEY

Mlle POUTJIER

Mme PRÉVOST

M. REDOUTEZ-TISSOT

M. RICHARD (Hôtel)

M. SAINT

M. SCHWENINGER

Mme VELUET

M. VUILLEMAIN

M. VUILLEMARD

M. ZAP

Rue des Bains.

M. BARRET

Mme CHAUFFOUR, Éloi

M. DEHANS

M. FRESET

Mlle GEORGES

M. GIVERNE

M. GRANDMOUGIN

M. OGIER, père

M. OLIVIER, Jacques

M. REVILLOUT

M. THOMAS

M. VUILLAUMEY

TABLES D'HOTE.

MM. RICHARD, Hôtel du Lion-vert.

MARCHAND, Hôtel du Lion d'Or.

DEHANS,
THOMAS, } rue des Bains.

GOISSEZ, Salon des Bains.

MENETRIER,
CHOFFEY, } Grande Rue.
MAGNY-PILEY,

HENNEQUIN, Café Richard.

Le Salon des Bains, qui renferme des salles distinctes de Lecture, de Conversation, de Jeu, et le grand salon des Bals, est ouvert aux Abonnés étrangers au prix de :

Pour une Saison de 30 jours		**Une demi-Saison**	
Une personne	10 f.	Une personne	6 f.
2 de la même famille	16	2 de la même famille	10
3 ou plus *id.*	20	3 ou plus *id.*	15

L'abonnement au piano, pour une heure chaque jour, est de 8 francs par mois.

Deux grands Bals, le mercredi et le samedi, sont donnés chaque semaine. — Le lundi, le mardi et le vendredi (les soirées du jeudi et du dimanche sont réservées au théâtre) il y a musique au Salon.

Tous les jours, pendant toute la durée de la Saison des Eaux, le matin et l'après-midi, un orchestre des mieux composés, grâce à l'initiative de l'Administration, se fait entendre dans les pelouses du parc.

On arrive à Luxeuil,

Par Vesoul — voiture —	à 7 h. soir.	
Par la gare de Lure — omnibus —	à 10 h. matin.	
—	à 5 h. soir.	
—	10 h. 1/2 —	
Par la gare de St-Loup — omnibus	7 h. 1/2 matin.	
—	10 h. 1/2 —	
—	3 h. soir.	
—	7 h. 1/2 —	

Poste — Quatre distributions chaque jour.
Station télégraphique.

VILLE DE LUXEUIL